Made in the USA
Las Vegas, NV
16 February 2021

17957248R00070